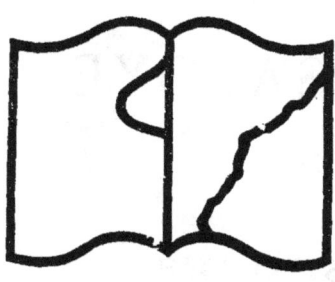

Texte détérioré — reliure défectueuse
NF Z 43-120-11

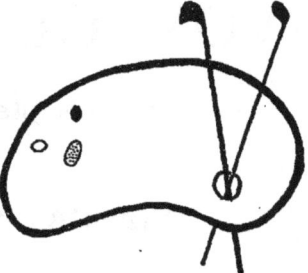

DEBUT D'UNE SERIE DE DOCUMENTS
EN COULEUR

MON ÉMIGRATION

JOURNAL INÉDIT

D'UN

VOYAGE EN SAVOYE

(Septembre 1792)

Par l'Abbé DESNOUES

Curé de Cravant

ORLÉANS

H. HERLUISON, LIBRAIRE-ÉDITEUR

17, rue Jeanne-d'Arc.

1899

Extrait des *Annales Religieuses* d'Orléans.

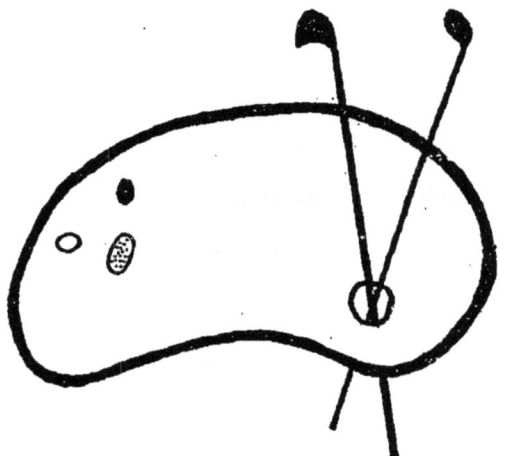

FIN D'UNE SERIE DE DOCUMENTS
EN COULEUR

MON ÉMIGRATION

JOURNAL INÉDIT

D'UN

VOYAGE EN SAVOYE

(Septembre 1792)

Par l'Abbé DESNOUES

Curé de Cravant

ORLÉANS

H. HERLUISON, LIBRAIRE-ÉDITEUR

17, rue Jeanne-d'Arc.

1899

Extrait des *Annales Religieuses* d'Orléans.

MON ÉMIGRATION

Ma position était bien différente dans le voyage dont je me propose de faire le récit. Les dangers, les alarmes, les fatigues m'ont suivi partout, occupé que j'étois de prévoir autant qu'il étoit en moi les malheurs qui à chaque instant étoient prêts à fondre sur ma tête, j'ai laissé échapper sans doute un grand nombre de ces *superbes terreurs*, si l'on peut parler ainsi, que présentent continuellement les montagnes ou les torrens que j'ai traversés. Je rapporterai pourtant autant que j'ai pu le remarquer ces phénomènes extraordinaires, ces jeux de la nature si communs dans les pays remplis de précipices, je ne me flatte point d'en donner une idée claire à ceux qui ne connoissant que la monotonie d'un pays plat ne peuvent se figurer une chaîne de montagnes non interrompue dont la cime se perd souvent dans les nuages et qui occupent 300 lieues de terrain.

Si l'on excepte sur la surface du globe terrestre le spectacle de la mer, je ne crains pas de dire d'après le témoignage de plusieurs écrivains qu'il n'est rien de plus diversifié que les montagnes de la Savoye et de la Suisse, qui presque toutes portent le nom *Des Alpes* et il seroit à souhaiter que ceux qui ont le goût des voyages dirigeassent leur goût vers ces climats où la nature est plus belle dans son genre que la production des arts dans les grandes villes.

Mon principal but comme on doit bien le penser, c'est dans cette courte narration de circonstancier les momens où je pouvois dire avec ce Roi dont il est parlé dans l'*écriture* que je n'étois distant de la mort que d'un seul pas. Rien de trop fort dans cette expression. Des hommes avoient juré notre perte, des chemins presque impraticables pouvoient occasionner des chutes les plus funestes et des marches forcées devoient être le principe des plus sérieuses maladies. Mon dessein encore une fois dans cette narration c'est de remercier cette Providence attentive qui envoye ses Anges pour veiller à la conservation de l'homme sa créature, et qui m'a protégé si visiblement par le ministère de celui que j'ai plus de raison que jamais d'appeler mon *Ange gardien*.

Si quelques-uns de mes amis ont composé des narrations plus intéressantes que celles-ci, les blessures qu'ils ont reçues, les scènes outrageantes auxquelles ils ont été mille fois exposés ont fourni à leur éloquence autant de tragédies qu'il leur a été facile de représenter. J'ai passé par les mêmes endroits qu'ils ont traversés ; j'ai couru les mêmes risques ; et Dieu pour épargner ma faiblesse a permis que les mêmes hommes qui les ont si grièvement insultés, se soient bornés à mon égard à des menaces qui m'ont entretenu pendant toute ma route à des frayeurs continuelles.

∴

Le 31 du mois d'août 1792, on avait reçu au département d'Orléans le décret de l'Assemblée Nationale qui condamnait à la déportation hors le royaume dans l'espace de quinze jours les prêtres français fonctionnaires publics qui avaient refusé le serment d'adhésion à la constitution civile du clergé. A la vue des Marseillais qui, ce jour-là vinrent de Paris à Orléans, sous prétexte d'enlever les prisonniers de la haute cour, personne ne douta plus qu'ils ne contraignissent le département à mettre aussitôt le décret de proscription à exécution, malgré les dispositions favorables dont ce corps composé de personnes honnêtes avait donné jusqu'alors tant de preuves aux ecclésiastiques. La terreur s'empare aussitôt de l'esprit de ces dernières, et tandis que les simples particuliers vont en foule obtenir des passeports de la Municipalité pour l'intérieur du Royaume afin de se soustraire aux troubles dont la ville était menacée, les prêtres fonctionnaires publics et *soi-disant réfractaires* en sollicitaient d'un autre genre pour se conformer à la loi et sortir du Royaume. Presque tous, quinze jours auparavant, en avaient reçu de la dite Municipalité sous le nom de *Citoyen* pour voyager dans l'intérieur du Royaume, mais ils devenaient insuffisants ; et quoi qu'on nous conseillât de nous en servir pendant une partie du chemin, il fallait se mettre en règle, pour l'instant où on serait parvenu aux frontières.

La foule était extrême dans l'hôtel de la Municipalité, chacun de ces Ministres proscrits voulait hâter son départ ; on en venait jusqu'à omettre ses réflexions nécessaires avant d'entreprendre un si long voyage. Italie, Angleterre étaient pour lors des noms synonimes, on change de desseins plusieurs fois, dans l'espace d'une heure, selon les amis, ou les voitures qu'on pouvait se promettre pour effectuer ce voyage. J'ose dire qu'il a été très peu de prêtres qui aient combiné les dangers plus au moins grands et inévitables sur les routes qui conduisaient en Angleterre ou en Italie ; on ne calculait pas la distance respective de chacune de ces contrées, ni la difficulté ou la facilité qu'on aurait à s'y procurer de l'argent.

Moi-même le premier je fus de ce nombre, je ne voyais pas du premier coup d'œil des raisons péremptoires qui me décidassent pour l'un ou pour l'autre de ces deux pays. J'aurais néanmoins senti une propension assez forte pour l'Angleterre ; mais les dangers, auxquels je croyais m'exposer en traversant la mer dans des circonstances si critiques, semblaient d'autre part m'en détourner. Je pensais également à la Savoie, et *puisqu'il fallait s'expatrier*, je désirais, au moins, profiter de cette crise malheureuse pour visiter le tombeau de saint François de Sales et demeurer, s'il était possible, dans la ville qui avait été le lieu de résidence du saint évêque. Mes irrésolutions furent fixées l'après-dîner du même jour : un de mes amis m'offrit une place dans une voiture qui ne contenait que deux personnes et qui lui appartenait ainsi que le cheval. Nos paquets devaient être petits, nous supposions qu'on nous ferait passer dans la suite les habits qui nous seraient nécessaires, ou plutôt nous espérions que les Prussiens étant déjà entrés à Longwy, notre absence serait de courte durée, ces paquets devaient être enfermés dans le fond de la voiture afin que les passants ne soupçonnassent point le long des chemins que nous voulussions aller au delà des frontières.

Mon ami (1) se proposait également de se rendre à Annecy, ou tout au moins à Sallanches dans le Faucigny-Savoisien, chez un négociant qui devait être pour nous deux en correspondance avec nos familles. La partie fut bientôt conclue, il était 4 heures du soir, et le reste du jour fut employé avec précipitation à mettre dans mes petites affaires un certain ordre, hélas ! plus nécessaire pour moi que pour plusieurs de mes confrères. Je dois regarder pour une faveur du ciel de n'avoir pas été prévenu plus tôt de mon départ : ma sensibilité eut été à l'épreuve la plus cruelle, si mon esprit eut eu le temps de réfléchir et mon cœur celui de s'attendrir. Je dormis avec l'agitation qu'on peut supposer en pareille circonstance ; et, dès le grand matin, je me hâtai de partir revêtu d'habits laïcs, n'emportant rien qui put annoncer que je fusse prêtre, laissant par là même ce qui eut été ma digne consolation pendant mon voyage, ce livre de prières que l'Eglise elle-même m'avait mis entre les mains pour offrir plusieurs fois le jour au Seigneur les vœux des fidèles. Je me joignis à mon ami qu'un de ses frères devait accompagner jusqu'à Châteauneuf dans une voiture semblable à la nôtre. Ce fut devant l'ABBAYE DE SAINT-LOUP que nous montâmes dans notre sorte de cabriolet, *le samedi 1ᵉʳ septembre* vers les 7 heures du matin.

Le trajet fut fort agréable pendant la matinée, soit à cause de la compagnie que nous avions amenée avec nous, soit à cause des maisons de campagne qui bordaient notre route. Mais par là même que nous les avions fréquentées et que nous ne devions plus les revoir, leur présence ranimait nos regrets et nous rendait plus vif le souvenir de ceux que nous laissions à Orléans. Plus d'une fois j'éprouvais des sentiments qui déchiraient mon cœur et qui ne cédaient guère à la tristesse d'une mère qui voit le corps de son fils descendre dans le tombeau.

Mon ami qui conduisait notre voiture, laquelle par parenthèse

---

(1) M. DUFRÊNÉ, curé de Saint-Pierre de Meung. — Mort en 1807, curé de Saint-Marceau d'Orléans

était découverte et exposée aux injures du temps, s'était habillé à la légère. Il portait un chapeau de grenadier ; un sabre était à son côté ainsi que sa canne. On nous prit pour deux jeunes gens qui se promenaient. Grâce à notre costume et à la compagnie qui nous suivait, nous fûmes très bien reçus à Jargeau ; on nous fit amitié au Corps de garde ; nul prêtre n'était encore passé ; en cet endroit et dans les autres villes jusqu'à Saint-Pierre le Moutier au-dessus de Nevers, nous ne présentâmes que le passeport de Citoyen pour voyager dans l'intérieur du Royaume. Cette industrie qui nous réussit dans cette première Municipalité, nous flatta singulièrement, heureux si nous avions pu toujours user de cette ruse avec même avantage ; la suite apprendra combien elle nous fut préjudiciable.

A Chateauneuf, nous eûmes une réception aussi honnête ; nous y fûmes pourtant reconnus par un postillon qui conduisait d'autres prêtres et qui pour cette raison avait promis de ne point parler de nous dans les auberges où il nous devancerait. En attendant, nous allâmes dîner au château. Sa position, ses promenades et l'étendue du bâtiment ne furent pas les seules choses qui excitèrent notre admiration. La riche collection des tableaux qui tapisse une superbe galerie, les vases de marbre de toute espèce, les statues qui représentaient les empereurs romains et les philosophes de l'Antiquité, eussent captivé nos regards pendant une journée entière, si le temps nous l'eût permis.

Mais ce n'était plus pour nous le temps de goûter de si agréables récréations. Avancer chemin est le seul but de nos désirs. Le reste du jour fut tranquille dans ces routes désertes qui bordent les paroisses de Saint-Martin d'Abbat, des Bordes, de Saint-Benoit-sur-Loire ; il ne se présentait pas un seul Corps de garde dans lequel on ne songeât à nous demander nos passeports. Oh ! que les endroits solitaires avaient pour nous des attraits, tant était vive dans notre esprit l'idée des malheurs que nous prévoyions dans les grandes villes. Elle eût été plus accablante si nous eussions su alors, comme nous l'avons appris dernièrement, que l'Assemblée avait remis au Ministre Roland des ordres qu'il devait envoyer aux frontières pour nous massacrer et que par bonté d'âme il ne voulut point manifester.

A raison du petit nombre d'habitants que renferme Ouzouer-sur-Loire, nous crûmes que nous pourrions en sûreté y passer la nuit. Quoique le lendemain fut un dimanche, jour auquel les rassemblements des gens de la campagne sont inévitables, nous eûmes le plaisir de faire plusieurs lieux sans éprouver la moindre insulte ; plusieurs de nos amis qui nous suivirent à quelques jours de distance ont été emprisonnés ou au moins arrêtés dans les municipalités de Dampierre et de Gien. A la vue du grand nombre de voitures qui se succédaient à la suite, le peuple sortit en foule de ses maisons pour voir ses prêtres déportés ; il ne se contentait pas de les regarder ; l'instant d'après il se portait en désordre vers les officiers administratifs ; et ceux-ci pour empêcher le tumulte étaient obligés de descendre sur le compte des émigrants dans des détails dont ils eussent voulu se dispenser.

On ne crut pas à Gien que nous fussions dignes de la moindre attention. Nous passâmes sur la place à la vue d'une foule innombrable de personnes qui se rendaient à la messe ; les sentinelles du Corps de garde et tout le peuple jetèrent indifféremment les yeux sur notre voiture, mais sans vouloir nous arrêter ; il en fut de même à Briare, où nous ne fîmes que passer. Combien de fois nous bénîmes le ciel qui nous préservait de dangers qui semblaient devoir être infaillibles pour nous dans toutes ces villes.

Plusieurs prêtres se servirent de pataches, voitures peu commodes, mais extrêmement légères dont les chevaux qui les conduisent courent aussi vite que la poste. Nous fûmes devancés ; et nous en conclûmes que notre tranquillité ne serait pas de longue durée. Notre conjecture était juste, car, à peine arrivés à Bonny, nous fûmes contraints par la Municipalité de descendre de voiture pour nous rendre devant ses officiers qui visitèrent nos passeports. Cet endroit est bien petit ; mais la Municipalité, qui voulait se donner un certain relief, avait fait placer auprès de la porte de son hôtel deux canons qui par leur forme mériteraient un autre nom que celui-là. On nous regarda longtemps sans oser nous rien dire ; nous nous hâtâmes d'arriver à Neuvy où les habitants et l'aubergiste nous comblèrent d'honnêtetés.

⁂

Il étoit quatre heures du soir et nous approchions du village de Mienne, qui n'a rien de célèbre que des carreaux qui en portent le nom, mais peu s'en fallut que nous n'y essuiâmes une scène assez désagréable. Nous apperçûmes de loin deux à trois cens personnes, qui paroissoient se divertir sur un pré contigu à la route. C'étoit un « arbre de liberté » qu'on plantoit, les garçons et les filles dansoient autour avec des transports de joies qu'il est difficile de dépeindre. Nous commençâmes sérieusement à craindre qu'on ne nous invitât d'être de la partie. Déjà on s'y préparoit, on nous appelloit aristocrates, et on s'approchoit pour nous faire descendre ; nous ignorions que ce peuple étoit mécontant de nous, parce qu'il n'appercevoit pas nos cocardes, qui alors se trouvoient placées à nos chapeaux du côté opposé au théâtre de la danse. Il nous fallut, en les ôtant, crier au moins à pleine tête : *Vive la Nation* ; trop contents que nous étions de nous tirer à si peu de frais d'une rencontre si embarrassante.

Dès ce moment s'offrit à nos regards dans le lointain la ville de Côxe, bien bâtie et d'une très grande population relativement à son enceinte ; le soleil commençoit à se coucher, et c'étoit dans ce lieu que nous ne pouvions nous dispenser de prendre notre repos. Tous les habitans étoient à la promenade, et plus encore assis à leurs portes dans les rues et les avenues, dans lesquelles nous eûmes occasion de passer. J'avois redouté pendant toute la route ces jours et ces momens, où le peuple désoccupé est réuni dans un même endroit ; mais enfin on n'est pas toujours maître de son tems, moins encore connoit-on les distances d'un lieu à un autre, qu se trouvèrent plus longues que d'abord on ne l'a cru. Le rassemblement dans cette petite ville eut été assez grand pour exciter une émeute, si on nous eut reconnus pour prêtres, cette dénomination proscrite ne nous étoit guère nécessaire pour courir des dangers : un événement malheureux, dont le Ciel nous préserva à l'instant de le voir effectuer, nous fit craindre d'être retenus prisonniers au milieu de cette populace. On avoit arrêté notre voiture dans une rue fort étroite, qui regorgeoit d'une affluence considérable de personnes qui se promenoient. Ordre nous avoit été d'aller à la Municipalité, dont les officiers, nous toisant des yeux depuis les pieds jusqu'à la tête, comparoient les dimensions, proportions et couleur de notre visage avec leur énoncé inscrit sur nos passeports. Ressemblance parfaite une fois reconnue, nous remontions dans notre voiture, lorsque tout à coup la multitude nous entoure. Notre cheval est effrayé, il recule, se cabre et, en se tournant à demi, barre la rue en entier. Un enfant qui étoit auprès d'une maison est serré entre le mur et le derrière du brancard ; on crie au meurtre et à l'accident ; un instant plus tard, l'enfant périssoit, sans que nous sussions s'il existoit et où il étoit. Heureusement le cheval s'arrêta tout à coup, on délivra l'innocente victime ; nous en fûmes quittes pour la peur et préservés d'un accident qui nous eut fait mettre en état d'arrestation.

Mais arrivés à l'auberge où nous devions coucher, quelle surprise d'y trouver 250 volontaires passans, qui venoient demander leur vin à cet aubergiste chargé de l'étape. Nouveau sujet d'allarme : mais, une fois entrés dans la cour, nous ne pouvions plus en sortir, sans nous faire remarquer. Nous pensions être en sûreté dans une chambre, où nous montâmes à la hâte, et aussitôt d'entendre une grande partie de la troupe se plaindre hautement qu'on avoit mêlé de l'eau dans leur vin par moitié. Le trouble augmente, des commissaires vinrent rétablir la paix, des experts nommés par la Municipalité arrivent pour constater la fraude ; il s'agit de faire une descente juridique à la cave ; et nous, tapis dans un petit coin de notre chambre, nous mourions de peur que le peuple ne se portât en foule dans la maison et ne nous y trouvât réfugiés : déjà il étoit dans l'intérieur dans la maison, et l'insurrection paroissoit devoir être sérieuse. Contre notre attente, la fermentation s'appaisa peu à peu ; un mauvais souper vint à la suitte de cette avanture, et nous pûmes goûter les douceurs du sommeil. Compterois-je bien dans toutes ces circonstances les graces du Ciel les plus signalées qui nous tiroit des malheurs les plus prochains, sans presque aucune participation de notre part ?

Sensibles à tant de bienfaits, nous partimes, de grand matin, le lendemain 3 septembre. Le village de Pouilly, si fameux par ses vins blancs, fut le premier que nous trouvâmes sur notre route. On y arrive par une descente très rapide ; et depuis le haut de la colline jusqu'en bas, on y voit comme sur un amphitéâtre des arpens entiers de vignes très garnies, cultivées avec soins, à peu près comme dans l'Orléanois. Elles sont plantées sur des hauteurs très escarpées, recevant presque toutes les rayons du midi. Tel est l'usage dans l'Auxerrois et le Nivernois. Pour nous faire des amis au corps de garde dans la personne de ceux qui y étoient en sentinelle, nous chantâmes les louanges du vin si délicieux qu'on recueilloit dans ce vignoble, que nous disions être célèbre surtout dans notre province. Les officiers parurent sensibles à nos éloges; et de notre côté nous primes beaucoup de part aux plaintes qu'ils fesoient de la stérilité de leurs vignes causée par une grêle affreuse, qui, le 22 juillet, avoit dévasté tout le pays.

Nous nous étions proposés de faire au moins 14 lieues ce jour là, nous nous avançâmes donc le plutôt possible vers la Charité. Cette ville est située dans un emplacement extrêmement enfoncé, mal bâtie, encore plus mal pavée. Nous ne fîmes qu'y passer d'apprès un déjeuner qui devoit nous servir de diner, joyeux de ce qu'on ne nous avoit suscité aucune dispute relativement à nos passeports. Nous voyageâmes le reste du jour sur une route droite, extrêmement unie.

A la fontaine des eaux de Pougues, qui est sur le chemin, et dans laquelle nous n'entrâmes pas, succéda la première monticule que j'ai rencontrée ; ce fut pour nous un plaisir de la monter à pied, d'autant plus que sa pente étoit extrêmement douce, et que d'ailleurs nous jouissions du spectacle riant des montagnes de la Bourgogne, qui se trouvoient à l'opposite. Vers les 4 heures du soir, les environs de Nevers nous servirent de perspective. On y arrive par une superbe avenue plantée d'arbres des deux côtés. Cette ville avoit pour mon ami des attraits bien flatteurs, il devoit y saluer ses plus proches parans. Il parut même déterminé à y séjourner. Un séjour étoit-il bien de saison pendant une fuitte. Les sentimens de l'amitié l'emportèrent dans son cœur ; je n'osai le contredire, il fut décidé que nous y passerions le mardi 4 septembre. On nous y combla d'honnêtetés, et ce court intervalle fut employé à faire des réparations à la voiture.

Tout le monde connoit Nevers ; je n'en dirai que très peu de choses. D'ailleurs la ville est du troisième ordre et n'offre rien de magnifique dans les rues sur les bâtiments. Ce que j'y ai vu de plus remarquable, ce sont les casernes, placées à une des extrémités, en une promenade dite le *Parc*. Il paroit que les églises y étoient fort multipliées ; il en restoit peu dans lesquelles on célébrât encore le service divin. Celle des Jésuites est d'une structure assez singulière ; la forme en est presque ronde, le portail semblable à celui des Jésuites d'Orléans, et l'architecture d'un genre distingué. La cathédrale est vaste, antique et sans ornemens. On y voyoit les tombeaux des ducs..... que l'on avoit transportés au bas de l'église; le Parc étoit bordé de maisons bâties comme sur autant de terrasses ; une île au milieu de la Loire en défigure le cours ; on étoit pour lors occupé à rétablir en bois les arches du pont, que les inondations de l'année précédente avoient renversées. Les passagers se servoient donc d'une barque ; et dès ce même soir nous fûmes témoins de l'embarquement des prêtres de Nevers, qui sur le rivage disoient un éternel adieu à leurs parents et à leur patrie, qu'ils abandonnoient avec les sentimens de saint Paul lorsqu'il étoit à Ephèse. Ce spectacle nous attendrit, soit par l'éloge qu'on nous fit de ces dignes Ministres, soit parce que le lendemain il nous falloit subir le même sort. Notre tristesse devint plus grande lorsqu'on nous apprit que nous devions passer par Saint-Pierre-le-Moutier, petite ville à cinq lieux de Nevers, où les électeurs du Nivernois s'étoient assemblés pour envoyer des Députés à la Convention Nationale. Nous renouvellâmes notre résignation à la Providence, étant à la veille d'un danger que nous ne présumions pas encore aussi effrayant qu'il se manifesta le 5 septembre. Je vais tâcher de le décrire avec les circonstances qui, à plusieurs reprises, nous ont fait regarder la mort comme un tribut qu'il nous falloit incessamment payer.

Saint-Pierre-le-Moutier, moins important que Cléry par la structure de ses maisons, n'est composé que d'une seule rue. Nous la parcourûmes vers les dix heures du matin, sans rencontrer presque personne : cette solitude nous remplissoit de joie dans un lieu où l'on nous avoit prédit des malheurs ; déjà nous touchions à la porte de la ville, la sentinelle nous fait mettre pied à terre, elle exige de nous que nos passeports et nos personnes soient visités par la Municipalité ; des volontaires, de droite et de gauche à nos côtés, nous y conduisent. Voilà le prélude de la pièce, le commencement de la tragédie.

Le Corps administratif avoit des séances permanentes sous une espèce de voûte, au fond d'une cour assez vaste qu'il fallut traverser. Nous ressemblions à des criminels qu'on conduit pour être jugés, et ce fut comme tels que nous traita, au premier aspect, la populace qui remplissoit les environs de la salle. Les huées, les invectives se firent entendre de toutes parts ; on nous serra de près ; à peine pouvions-nous monter les degrés. « En voilà d'autres, crioit-on de tous côtés, ceux-ci ne s'en iront pas comme ils sont venus ». Le bruit fut pour le moins aussi grand à l'audience même ; la sonnette du président ne pouvoit l'appaiser ; les électeurs, qui pour lors ne s'étoient pas encore assemblés au lieu qui leur étoit désigné, étoient perchés sur des bancs ; la colère étincelloit dans leurs yeux, notre présence ne servoit qu'à la ranimer : on nous introduisit dans l'intérieur de la barre, foible rempart contre un peuple émeuté. A peine avions-nous un pied en carré pour nous tenir debout ; les fusils des volontaires avec leurs bayonnettes étoient appuyées sur notre dos, encore étoient-ils notre unique sujet de confiance, car bientôt la barre fut forcée. La multitude nous investit, et, puisqu'il faut dire les choses par leurs noms, les uns nous tirent les cheveux, les autres nous pincent la chair à travers les habits ; d'autres, en grinçant les dents et montrant les poings fermés, désignoient assez qu'ils brûloient d'envie de nous terrasser.

Un certain boucher, dont je n'oublierai jamais la physionomie, tiroit par fois son couteau et demandoit permission de m'égorger. J'étois si près de lui que son bras eut pu m'atteindre. Quels furent alors nos sentimens, que de sacrifices fîmes, ou plutôt il ne nous en restoit plus qu'un, celui de notre vie.

Nous l'offrîmes à Dieu au fond de notre cœur, et nous eûmes bien le tems de le réitérer. Le tems n'étoit pas encore arrivé pour subir un interrogatoire. Les Nivernois étoient alors occupés à insulter de mille manières les grands vicaires de leur Evêque, au point que l'un d'eux fut obligé de couper avec des ciseaux, en présence de tout le monde, la doublure d'un habit, où la décence ne permettoit pas de pénétrer. On ne leur permit pas même de se faire accompagner jusqu'aux frontières par quelques-uns de leurs frères qui les suivoient : ce refus nous parut cruel ; il n'en eut pas moins son exécution.

Qui êtes-vous, nous demanda le Maire, ex-constituant ? — Notre passeport, répondit l'un de nous, fait foi que nous sommes citoyens Orléanois, voyageant dans l'intérieur du Royaume. — Mensonge, imposture, nous répliqua-t-il ; vous êtes des prêtres, jurez que vous n'en êtes pas. Plutôt la mort que de se parjurer. Nous confessâmes avec une noble hardiesse ce beau titre, qui jusqu'alors nous avoit rendus si respectables aux serviteurs de Dieu, mais qui pouvoit être à l'instant la cause d'une sentence de mort, et qui au moins fut blasphémé et tourné en dérision de mille manières. Les voilà, s'écrioit-on de tous côtés, ces hypocrites, ces séducteurs ; c'est ainsi qu'ils se servoient du secret de la confession pour..... etc. Mes pieds chancelloient, tandis que sur mon visage je m'efforçois de montrer une sorte de constance et de fermeté.

Ayant prié M. le Maire de procurer du silence, j'exposai à l'assemblée que notre Municipalité elle-même nous avoit donné le conseil de ne montrer notre passeport de prêtre qu'aux frontières, et que la crainte de ne pas trouver partout autant de police qu'à Saint-Pierre-le-Moutier nous avoit décidés pour notre sûreté à suivre son avis. On se déchaîna contre les officiers prévaricateurs de la Municipalité d'Orléans. Sur ce premier chef d'accusation nous fûmes en partie justifiés.

Autre question : Avez-vous de l'argent ? Si vous n'en avez pas jurez-le. Pour réponse nous comptâmes sur le bureau 15 louis que nous possédions. On s'en empara avec avidité ; il ne nous resta pas trois livres de monnoies. Nous l'avions bien dit, s'écria encore la multitude, ils portent tout cet argent aux émigrés, ils vont combattre avec eux ; aussi savons-nous bien qu'aux frontières on leur coupera les bras et les oreilles pour les en empêcher. On commence aussitôt l'oppération de fouiller nos habits, on ordonne la visite de notre voiture et de nos paquets, qui étoient restés sous la porte de la ville. Elle est déjà brisée, répond un particulier, et le cheval est tué. Qu'on juge de l'accablement dans lequel nous dûmes tomber ; il n'en étoit pourtant rien encore ; on s'étoit contenté de la percer en plusieurs endroits. D'après le rapport des volontaires qu'on envoya pour en sonder toutes les parties jusqu'à la cave, il fut constaté qu'on n'avoit rien trouvé de suspect, si ce n'étoit peut-être que deux pots de confitures dans un panier. A ces derniers mots nouvelles séditions ; l'assemblée vouloit prouver que ces deux pots devoient renfermer de l'argent. Le tumulte fut grand, nous offrîmes de laisser nos confitures aux pauvres de la paroisse ; cette générosité réussit enfin à dissuader les assistans. Toutes ces démarches emportent nécessairement des délais, ils furent prolongés par la difficulté qu'on éprouvoit à trouver des assignats pour nous rembourser. Après trois quart d'heure, pendant lesquels on nous repettoit toujours les mêmes injures, les assignats nous furent rendus, mais sans dédommagemens pour le change ; notre passeport de citoyen fut déchiré, et sur celui de *prêtre* on écrivoit fort au long que nous étions prêtres insermentés, afin qu'on nous connût pour tels pendant toute la route ; cette cérémonie faite, on nous congédia. Le commandant de la garde offrit de nous conduire avec des volontaires. Bien nous en prit, car tout le peuple quitta la salle pour suivre. Dieu permit encore que parmi tant de monde personne ne songeât à nous accabler de pierres. Nous y comptions, et si on l'eut fait, il n'étoit personne pour nous deffendre ; on nous accompagna au delà des portes de la ville. A la vue d'un arbre de liberté, la populace cria qu'il falloit nous faire descendre pour aller le baiser à genoux. Ils n'en sont pas dignes, répondit le commandant de la garde. Sa réplique ingénieuse nous épargna cette dernière avanie, et enfin apprès deux heures de souffrances et de dangers si imminens, tremblant et ayant l'un et l'autre la fièvre, nous crûmes entrer dans un nouveau monde. Quand nous fûmes en pleine campagne, notre premier soin fut de lever nos mains vers le Dieu de bonté, qui nous avoit protégés si visiblement à l'ombre de ses ailes ; mais de tant de villes, Lion sur tout, et le pont de Beauvoisin, que nous eûmes à passer, nous les envisageâmes comme devant être nos tombeaux. A l'action de grâce nous joignimes un acte de confiance. Après avoir fait deux lieues, nous prîmes vers les deux heures, dans une auberge, quelques rafraichissements avec plus de besoin que d'appétit.

Nous dirigeâmes nos pas vers la ville de MOULINS, dont le passage devoit terminer ce jour de crise. Arrivés aux faubourgs, nous les traversâmes, ainsi que la ville, avec toute la célérité dont nous fûmes capables. Le bâtiment des Chartreux et leur église, qui sont à l'entrée, me parurent des édifices dignes de la curiosité d'un voyageur ; les rues de la ville sont larges et droites, les maisons belles et accumulées les unes sur les autres ; le commerce de coutellerie y est, ainsi qu'à Cosne, très étendu, et on ne manque pas dans les auberges de marchandes qui viennent offrir aux paysans ce qu'elles ont de mieux travaillé en ce genre. J'eusse désiré voir le couvent de la Visitation, où depuis quelques années, par un miracle des plus avérés, le cœur de sainte Chantal, desséché sans contredit depuis la mort de cette sainte fondatrice, vient de reprendre sa grosseur naturelle et le vermeil d'un cœur plein de vie, de manière à y laisser remarquer les veines et les artères qui y aboutissent. Mais incertains quel seroit notre sort en cette ville, nous allâmes en droite ligne à la Municipalité, située sur la place auprès d'une superbe fontaine. Le peuple vint en foule auprès de notre voiture. Nos allarmes renoissoient dans notre âme. Un conteur de nouvelles nous mit à l'aise ; il vint nous en demander ; nous lui en débitâmes dans le sens de la Révolution, vraies ou fausses, que nous avions apprises ; il en fut émerveillé, ainsi que le reste des auditeurs ; au milieu de leurs applaudissemens, nous nous esquivâmes pour nous rendre à l'auberge. C'est là que, pour arrêter la fin d'un voyage si désagréable, nous échangeâmes notre voiture et le cheval pour un cabriolet. Apprès une nuit, pendant laquelle nous eûmes l'un et l'autre un accès de fièvre, nous partîmes, encore tout couverts de sueurs, dès trois heures du matin pour faire trente-quatre lieux en postes, s'il étoit possible : ce que nous effectuâmes le lendemain 6 septembre.

Cette journée n'eut rien de mémorable : dans les paroisses où nous passâmes on visita nos passeports sans mot dire. Le pays du Bourbonnois est pauvre, triste et plein de petites collines. Nous commençâmes à y voir ce que nous avons toujours trouvé depuis, les femmes portant des chapeaux de paille, quelques autres des chapeaux noirs semblables aux nôtres. La ville de ROUANNE nous portait ombrage ; nous n'éprouvâmes d'autres désagrémens que d'attendre près d'une demie heure la signature de nos passeports, pour lesquels mon ami alla à l'extrèmité de la ville avec deux volontaires qui l'escortoient. Il ne se fit aucun rassemblement auprès de nous, pas même au moment où nous passâmes la Loire dans la barque. Je ne pourrois faire aucune description du mont Tarare, il étoit neuf heures du soir lorsque nous le descendîmes, étant précédés de la voiture de Mme de Sémonville, qui devoit s'embarquer à Toulon pour la Turquie, où son mari alloit en qualité d'ambassadeur.

Le landemain 7 septembre, nous arrivâmes d'assez bonne heure à LION ; en y entrant, nous remarquâmes une colonne haute de plus de 30 pieds, surmontée d'un globe doré avec inscription ; elle avoit été érigée à l'honneur de Louis XVI, victorieux dans la dernière guerre en Amérique. Nous laissâmes de côté la ville haute, dans laquelle je n'ai pu appercevoir que l'église des Chartreux, sur le haut de la montagne, un château escarpé et la métropole de Saint-Jean-de-Lion, bâtie dans le goût le plus ancien. La Saône passe dans le milieu de la ville, et sur ses bords règne un quai extrèmement couvert d'une affluance prodigieuse de personnes ; de superbes façades l'ornoient assez uniformément, et le rez-de-chaussée de ses hautes maisons est occupé par des marchands en tous genres ; le reste des bâtimens de la ville est extrèmement élevé ; par là le pavé est toujours humide, les rayons du soleil ont peine à descendre jusqu'à terre dans celles qui sont étroites. L'hôtel de la Municipalité est d'une majesté imposante, c'est un vray palais, où l'on monte par un perron d'une longueur et d'une largeur qui répondent à la beauté de ses appartemens. Les portiques qui avoisinent la salle et les bureaux sont vastes. Les citoyens se promenent sur ces péristilles. La place des Terreaux, sur laquelle cet édifice est construit, est aussi remarquable par sa grandeur et la régularité que par les maisons qui en forment l'enceinte. C'est dans ce magnifique hôtel de ville qu'on nous signal nos passeports ; on nous détermina le pont de Beauvoisin comme la seule route que nous puissions tenir pour sortir du Royaume. Je pus me former une idée au moins générale de la population de cette grande ville qui renferme tant de manufactures. Un concours prodigieux de citoyens de toutes espèces remplissoient alors les rues ; c'étoit le moment où, d'après la fausse nouvelle de l'évacuation de Verdun par les troupes prussiennes, consignée dans un journal patriote, le peuple suivoit les instrumens de musique et les tambours, qui proclamoient cette nouvelle avec solennité. Conformément à l'avis d'un lieutenant des grenadiers de la garde nationale, nous ne restâmes que deux heures dans cette ville capitale du Lionnois, où j'ai regretté de ne pas voir l'hôpital bâti sur le Rhône. Un jeune postillon se chargea de nous conduire ; nous traversâmes la place de Bellecourt et, sous sa direction, notre voiture paraissoit voler sur l'aile des vents dans le faubourg de la Guillotière, centre des patriotes les plus furieux ; et, Dieu aidant, il ne nous arriva aucune avanture fâcheuse dans une ville où, le surlendemain, on porta en triomphe les têtes de plusieurs prêtres, et où nos amis ont essuié, quelques jours après, les traitemens les plus injurieux.

Les dangers se succédoient de si près qu'on pensoit moins à ceux auxquels on avoit échappé qu'à ceux vers lesquels on sembloit courir. On nous avoit appris que le camp des patriotes commandés par M. de Montesquiou bordoit le chemin qui conduisoit aux frontières. Notre perte me parut innévitable, les horreurs de la mort se présentèrent à mon esprit. De tous ces soldats, à travers lesquels nous devions passer, il n'en falloit qu'un seul, séparé de la multitude, pour nous faire un mauvais parti. Je mis toute ma confiance en Dieu et en sa sainte Mère, dont nous devions le lendemain célébrer la Nativité, et dont je récitai les premières vêpres comme le dernier office que je dusse acquitter. Par le fait, dès le matin de ce jour, le camp avoit été levé à cause d'un marais voisin qui avoit occasionné des maladies dans l'armée. On devoit le transporter aux Abr[...] et en attendant qu'il fut dressé, le plus grand nombre des soldats devoit coucher à Bourgoin et aux environs.

Le nom de BOURGOIN ne sera pas oublié dans les relations que les prêtres orléanois pourront faire de leurs voyages. C'est là que, quelques jours après, M. Pisseau (1) fut blessé, à la tête, de plusieurs coups de pierres, que M. Foucher (2) reçut au même endroit deux coups de sabre, M. Noé (3) plusieurs coups de pieds dans les yeux, M. Dennery (4) trente coups de bâton, et M. Pilatte (5) force coups de poings ; c'est dans cet endroit que nous arrivâmes le vendredi, à huit heures et demie du soir. La rue étoit remplie de soldats, un brouhaha, qui annonçoit le tumulte, retentissoit de toute part. Dans l'auberge où nous descendimes logeoient et se promenoient au milieu de la cour les ingénieurs qui avoient levé le camp, ainsi que des officiers et des patriotes sans nombre. Toutes les chambres étoient retenues ; on nous accorda celles des filles dommestiques, dont une surtout, qui portoit sur son maintien tous les symboles de la licence, voulut se permettre à mon égard, au milieu de l'escalier, des manières auxquelles je parus ne pas faire attention. La Providence permit qu'on ne nous reconnut pas, et afin qu'on ignorât de plus en plus qui nous étions, nous refusâmes, sous prétexte de fatigues, de manger à table d'hôtes, qui devoit être servie toute en gras. Relégués dans l'angle d'une chambre remplie de voituriers, nous soupâmes en affectant des fautes de français, qui nous firent prendre pour des gens du peuple.

(1) M. Pisseau l'aîné, professeur au Petit Séminaire, mourut chanoine titulaire de Paris, en 1844. Il avait, en 1813 et en 1822, prononcé à Orléans le panégyrique de Jeanne d'Arc.
(2) M. Foucher, vicaire de Meung : il fut curé de Saint-Marceau en 1814, et en 1835, chanoine titulaire ; il décéda en 1849.
(3) M. Noé était vicaire de Chevilly : après avoir été aumônier du Calvaire, mourut en 1813.
(4) M. Dennery était alors curé de Chaon : il mourut en 1836.
(5) M. Pilatte, curé de Terminiers : après avoir été chapelain des Ursulines il mourut en 1818.

On croira bien que, dès la pointe du jour, nous n'eumes rien de plus pressé que de quitter un lieu où chaque moment pouvoit devenir dangereux pour nous. Nous partons, et voilà qu'au corps de garde nos passeports nous ayant fait reconnoitre pour des prêtres, on réitère contre nous les mêmes menaces qu'on nous avoit faites à Saint-Pierre-le-Moutier. Mon ami veut retourner à l'auberge prendre certains effets qu'il avoit oubliés ; seul et sans deffence dans la voiture, je restai près d'un quart d'heure, entendant toutes les infamies qui peuvent être proférées. Qui empêcha les sentinelles de joindre aux invectives les coups meurtriers qu'ils déchargèrent la semaine suivante sur nos confrères? sinon Dieu lui-même, qui ne nous trouva pas aussi dignes qu'eux de souffrir pour son nom.

Autre faveur du Ciel. J'ai dit plus haut que les troupes étoient logées aux environs de Bourgoin autant que dans Bourgoin même ; aussi tous les villages étoient garnis de tentes dressées et de volontaires qui les environnoient ; nous passâmes au milieu ; plusieurs nous demandèrent nos passeports, aucun ne se permit des réflections. La petite ville de la Tour-du-Pin avoit été la veille spectatrice d'une émeute occasionnée cette fois par plusieurs voitures de prêtres, qui s'étoient rencontrées toutes ensembles. Dès que les officiers de la douane nous apperçurent, ils nous firent entrer à la hâte au bureau, où ils visitèrent nos paquets avec une extrême modération, et nous conseillèrent de partir au plutôt. Le peuple s'assembla sur la place en attendant l'heure de la messe ; il resta tranquille, surtout dans une rue fort étroite remplie de soldats et de volontaires. La centième partie de tout ce monde étoit suffisante pour nous exterminer, et nous vimes avec plaisir chacun se placer auprès des murs pour laisser à notre voiture une largeur convenable ; et encore cette fois le bras du Tout-Puissant nous rendit favorables ceux-là mêmes de qui nous avions tout à craindre.

Nous descendîmes bientôt la vallée qui conduit au Pont-de-Beauvoisin, petite ville qui devoit nous servir d'issue pour passer de France en Savoie. Nous redoutions par avance les soldats qui y étoient en garnison, et le peuple lui-même, dont une si grande multitude d'émigrants pouvoit exciter l'indignation. Il étoit dix heures du matin, et l'heure de la messe, ainsi qu'à la Tour-du-Pin, augmentoit l'affluance et le concours. A notre aspect les clameurs redoublèrent ; c'étoit bien peu de chose pour des malheureux qui eussent été infailliblement massacrés, si on eut exécuté les ordres de l'Assemblée nationale. A la douane on parut très sensible à la manière dont on nous avoit enlevé notre argent ; les directeurs de cette petite ville en laissoient à chacun une partie pour entrer en Savoye. La visite de nos habits et de nos paquets fut également honnête, et des soldats de ligne qui nous accompagnèrent à la Municipalité eurent pour nous plus d'égards que nous n'eussions osé l'espérer ; il nous eut été bien avantageux de partir avant la grande messe, mais comme les chevaux nous manquoient, il fallut se résoudre à rester dans un caffé jusqu'à deux heures après midi, en attendant que notre émigration put être consommée. Le pont de Beauvoisin est situé sur une petite rivière au milieu de la ville.

Il a peut-être six à huit toises de longueur. Une extrémité appartient à la France, la seconde au duc de Savoie. La première étoit bordée de soldats patriotes, à qui nous remîmes nos cocardes, et l'autre de troupes piedmontoises. Les habitans savoyards de la seconde partie de la ville s'approchèrent de notre voiture. Chacun nous félicitoit d'avoir pu échapper aux violences de nos persécuteurs et mettoit en opposition avec nos malheurs passés le bonheur dont nous jouirions sous l'empire du Roi de Sardaigne.

.•.

Comblés de tant d'honnêtetés, nous y répondîmes avec toutes les expressions que pouvoit nous suggérer notre reconnoissance envers ces nouveaux compatriotes. Nous les quittâmes avec les plus grandes démonstrations d'amitié ; et en continuant notre chemin, revenus de nos frayeurs, jouissant du repos comme des matelots qui se sont sauvés malgré la tempête, nous conçûmes des sentimens, hélas ! bien différens les uns des autres, quoiqu'ils se succédassent avec une rapidité incroyable dans notre cœur. Nous ne pouvions nous lasser de remercier nos Anges gardiens, qui nous avoient assistés d'une manière si spéciale pendant plus de cent lieux. Il nous sembloit que nous étions redevables d'une sortie si heureuse à la Reine des Vierges, sous les auspices et pendant la solennité de laquelle nous avions franchi les frontières de France. L'éloignement de nos amis, de nos parents, le bannissement hors de notre patrie, nous causèrent bientôt des chagrins qui prirent la place de cette joie que nous avions éprouvée au moment où nous avions échappé aux patriotes. Nous tâchâmes de faire diversion avec ces pensées affligeantes, et la vue des superbes montagnes du Dauphiné et de la Savoie, entre lesquelles nous devions passer, en fixant nos regards dissipa en partie la tristesse de notre imagination.

Il est difficile de peindre les montagnes du Dauphiné à ceux qui n'en ont jamais vu. Moi-même je m'étois représenté une montagne comme une élévation monstrueuse, il est vrai, sur la surface du globe terrestre, mais pour l'ordinaire isolée et dont on pouvoit toujours atteindre le sommet, et au pied de la ditte élévation un vallon couvert, ainsi que les montagnes, de gazon, d'herbes et de quelques arbres. Ce portrait conviendroit tout au plus à quelques petites collines bien cultivées, telle qu'il s'en trouve dans la Suisse et près de Châtel-Saint-Denis, où j'écris cette narration. Mais les montagnes de la Savoie, de la Suisse, du Dauphiné et du Piedmont, qui sont une partie des Alpes, forment une chaîne non interrompue de masses énormes qui s'élèvent presque jusque dans les nues. Souvent il faut pour y monter y employer trois heures, quelquefois cinq et davantage, quoique à juger par le coup d'œil on dût y atteindre en une demie heure. La hauteur de certaines est de deux à trois mille toises, presque toutes de neuf cens à mille pieds. Les unes sont composées de petits cailloux accumulés les uns sur les autres par milions ; on les appelle rochers, et elles sont presque incultes si vous en exceptez des sapins qui croissent sur ces endroits escarpés ;

d'autres paroissent être de terre, au moins quant à la couche qui les revêt en dehors ; il en est quelques-unes de pierres ardoisées, quelques-unes de marbre ; et en général les pierres que l'on foule aux pieds en Suisse, et plus encore en Savoye, ont des veines noires et blanches, quelquefois même rougeâtres ; des sapins très serrés, dont la cime s'élève jusqu'au ciel, forment dans ces pays une branche de commerce, soit pour les mats de bateaux, soit pour être convertis en planches par des moulins tout-à-fait singuliers qui, bien mieux que des scieurs de long, séparent promptement ces gros arbres en autant de parties qu'on le juge à propos. Un chemin raboteux et très détourné conduit au sommet de ces montagnes, et en marchant beaucoup on avance peu sa route. Les montagnes en pic ont une perspective effrayante, parce qu'étant d'un côté aussi perpendiculaires que les tours de nos églises, elles laissent appercevoir en bas des précipices dont le fond échappe à la vue. Souvent même, le pied de la montagne est miné par les eaux, et il semble que toute cette masse va s'écrouler, ce qui est arrivé quelquefois quant à certains morceaux qui s'en détachent. Les vaches vont paître pendant l'été sur la cime de celles qui, trois ou quatre mois l'année tout au plus, ne sont pas couvertes de neiges ; car il en est qui le sont en tout tems ; c'est par cette sage disposition de la Providence que sont entretenues les rivières qui tirent leur source de ces montagnes dont la neige ne fond que successivement ; des fontaines coulent de tous les flancs de ces superbes éminences ; on n'y fait pas même attention, tant elles sont en grand nombre. Souvent des torrens en descendent avec fracas et coulent avec impétuosité sur des rochers et dans des précipices qui ressemblent aux abîmes de la terre et que l'œil ne peut appercevoir sans étourdissemens. C'est aux pieds de ces montagnes qu'il est aisé de concevoir qu'un brouillard et un nuage sont une seule et même chose et ne méritent différens noms que par la distance à laquelle ces exhalaisons sont fixées relativement à l'œil du spectateur. Une montagne est toujours environnée de vapeurs, souvent aux plus beaux jours d'été. En un instant ces vapeurs se condensent d'une manière palpable, on se trouve au milieu, on en sent l'humidité, c'est pour le voyageur qui est dans la montagne un brouillard. Dans l'espace de quelques minutes, elles s'élèvent jusqu'au sommet, s'y reposent ou sont emportées plus haut dans les airs ; le soleil les dore ou se cache derrière si elles sont trop épaisses : ce sont alors des nuages. Si on supposoit donc deux personnes dont l'une seroit au haut de la montagne et l'autre dans le vallon, la première appeleroit brouillard ce que l'autre appeleroit nuage ; il est possible par là même que le tonnerre gronde sous les pieds d'un voyageur, circonstance dont on a souvent peine à se former une idée. Lorsqu'une nuée remplie de souffre et de salpêtre s'arrête au milieu de la montagne, quiconque se trouveroit au plus haut verroit les éclairs et entendroit le tonnerre au-dessous de lui, et il pourroit recevoir les rayons du soleil et en être éclairé, tandis que ceux qui seroient au pied de la montagne seroient écrasés par la grêle et la pluie.

J'aurois encore beaucoup de choses à détailler sur ces éminances de notre globe. Elles trouveront leurs places suivant les différentes merveilles particulières à celles que j'ai parcourues.

Mais revenons à notre voyage.

Jusqu'à Chambéry, capitale de la Savoye, c'est-à-dire pendant l'espace de quatre lieux, qui dans ce pays-là équivalent au double des nôtres, nous cotoyâmes ces superbes montagnes, qui conduisent à la Grande-Chartreuse de Grenoble ; c'est une perspective dont on a peine à se former une idée : nous l'avions à notre gauche, tandis que nous fesions route sur une superbe terrasse que l'art a pratiquée auprès d'un précipice épouvantable. Rien de plus beau que de voir des rochers applanis et devenus des superbes promenades. C'est pourtant là le digne fruit des soins des ducs de Savoye pour faciliter le commerce entre leur capitale et les frontières de la France. Cependant, malgré tant de travaux, les communications eurent été interrompues par une montagne de pierre ditte montagne de la GROTTE, haute de plus de 200 pieds, à travers laquelle il falloit, pour continuer le chemin, ouvrir aux voituriers un passage d'une demi-lieue de longueur. Les Romains avoient tenté inutilement cette entreprise. Depuis deux cent ans un duc de Savoie a su exécuter un dessein qui paraissoit au-dessus des forces humaines. Or, il y pratiqua une voie très spacieuse, plusieurs voitures peuvent y passer de front et l'on est étonné de marcher sur un rocher dont les deux parties qui forment sa division s'élèvent à perte de vue aux deux côtés. Que de bras ont concourus à ce grand ouvrage, que de mines on a dû faire jouer pour renverser successivement tous ces morceaux de pierres, avec lesquelles on auroit pu bâtir facilement une ville entière. Aussi une inscription latine, incrustée sur une sorte d'arcade au milieu de cette route, annonce et les vaines tentatives des anciens sur cette montagne si fameuse, et les succès du monarque qui a su vaincre si efficacement la nature pour l'utilité du peuple.

Une merveille succédoit à une autre dans des lieux qui ressembloient aux plus tristes solitudes. Nous crûmes voir l'instant d'après cette fontaine miraculeuse que Moïse fit sortir du rocher dans le désert pour appaiser la soif du peuple Israélite. De plus de cent cinquante pieds de haut sortoit d'une montagne, par une seule ouverture, une quantité d'eau dont le volume pouvoit être à chaque seconde égale à celle que contient un de nos tonneaux ; une pierre presque aigue se trouvoit au bas pour la recevoir, laquelle séparant cette masse d'eau en autant de parties qu'il s'en trouvoit qui se divisassent sur les angles formoit à plusieurs toises de circonférences un brouillard et des jets d'eau qui remontoient d'eux-mêmes à une certaine hauteur. Nous descendîmes de voiture pour contempler ce nouveau fleuve d'aussi près qu'on le pouvoit sans être mouillé, et notre curiosité fut doublement satisfaite par la vue des cascades que formoit le torrent, qui paraissoit d'abord s'ensevelir dans un gouffre pour remonter peu après avec un vacarme horrible à cause des obstacles qu'il avoit éprouvés.

Ce fut au sortir de ces lieux si précieux pour un naturaliste que nous arrivâmes, vers les dix heures du soir, à CHAMBÉRY, ville assez grande et qui n'a rien de magnifique que le château, extrêmement élevé, et la place d'Armes, sur laquelle il domine. La cathédrale étoit vaste, claire et sans ornemens ; ils étoient plus prodigués dans l'église des Dominicaines, dont on ne pourroit assez admirer le dôme et ses peintures. Les Communautés d'hommes et de filles y étoient en grand nombre. Celle de la Visitation étoit située hors la ville. Nous soupâmes à table d'hôte, que des étrangers émigrés remplissoient. Chacun y fesoit part de ses avantures. Je racontois à un particulier qui étoit assis auprès de moi la manière dont on nous avoit enlevé notre argent pour y substituer des assignats. C'étoit un ecclésiastique qui avoit une place distinguée à la cour de France. Il parut prendre intérêt à mon récit, me combla d'attention et de politesses ; mais je fus encore plus surpris lorsqu'au moment où chacun se retiroit, il me prit en particulier et voulut me forcer à recevoir quatre louis, s'excusant de ne pouvoir m'en offrir d'avantage. Je le remerciai, sous prétexte que nous pourrions changer nos assignats. Il fit tant d'instances que j'acceptois soixante-douze francs ; et comme je voulois savoir dans quel endroit je pourrois ensuite les lui rendre : Je n'ai point d'autre domicile que celui des princes, me répondit-il, je vais les trouver, vous me rendrez cet argent quand ils seront à Paris, je vous prie seulement de taire mon nom, qu'il me déclina aussitôt. Je l'ai rencontré depuis, allant en Allemagne, je lui ai réitéré mes remerciements, et il me promit son amitié.

Le patriotisme avoit ses prosélytes à Chambéry : ils se montroient publiquement, s'assembloient de même ; la salle de leur réunion portoit le nom de club ; et des enfants chantoient derrière nous dans les rues la chanson *Ça ira !* On aime toujours à se flatter. Nous crûmes que la propagande n'avoit pas envoyé ses émissaires dans une petite ville aussi enfoncée dans la Savoye que celle d'Annecy. Dès le lendemain dimanche 9 septembre, ayant laissé notre voiture chez notre aubergiste, nous profitâmes d'un carrosse de retour qui devoit nous conduire au tombeau du saint évêque de Genève, auprès duquel nous avions dessein de faire notre domicile.

La ville d'Aix se trouva sur notre passage. Si sa petitesse doit la confondre avec ces villages qu'un voyageur doit omettre dans sa narration, ses eaux minérales la rendent avec raison célèbre chez les étrangers, qui y arrivent de toutes parts pour la guérison des rhumatismes et paralysies ; elles sont chaudes de manière à y plonger à peine la main ; et dans le bâtiment construit par le duc de Savoie on a su y pratiquer des bains avec des cases de toutes espèces, non seulement pour les étrangers, mais pour les pauvres Savoyards aussi bien que pour les souverains eux-mêmes. Des chevaliers de saint Louis y demeuroient depuis un an. Ils vinrent au devant de nous dans la rue avec cette commisération qui se trouve dans les âmes sensibles à qui des malheurs personnels apprennent de plus à plaindre leurs semblables. Ils nous racontèrent toutes les nouvelles qu'on débitoit alors comme vraies, parce qu'on désiroit quelles le fussent.

La nuit nous obligea de coucher à Saint-Félix, paroisse la plus isolée qu'on puisse imaginer. Quelle église ? quel presbytère que celui dans lequel nous allâmes saluer M. le curé et son vicaire, réunis avec une sœur dans une prétendue chambre haute, qui ne porteroit pas chez nous le nom de grenier ; c'est pourtant ainsi que sont bâtis presque tous les presbytères de Savoie, c'est ainsi que pendant le reste de notre voyage nous avons vu ces braves curés logés, sur les montagnes, au milieu d'un troupeau dont les ouailles conservoient pour eux l'obéissance et le respect le plus accompli et pratiquoient à l'envi les plus belles vertus du christianisme. Pour prévenir les inconvénients de la neige, une petite ouverture longue et étroite servoit de fenêtre au rez-de-chaussée ; encore est-elle placée au haut du plancher. Ces maisons sont pourtant des palais en comparaison des huttes dans lesquelles demeurent les pauvres Savoyards.

Il ne nous restoit plus que trois lieues, le lendemain 10 septembre, pour nous rendre à ANNECY. Aussi y arrivâmes-nous de très bonne heure. La ville, sans être trop grande, renferme plus de huit mille âmes. La structure des maisons y est assez singulière, mais partout uniforme, ce qui semble annoncer quelles ont été bâties toutes ensemble. Des arcades couvertes règnent des deux côtés des rues, de manière qu'on peut sortir sans être mouillé ; elles sont bâties en pierre et soutiennent le reste du bâtiment, qui a plusieurs étages. Le rez-de-chaussée est au niveau de la gallerie, vis-à-vis l'arcade qui y correspond ; c'est presque toujours une boutique, et, quoi qu'on ne puisse déterminer le commerce particulier de cette ville, tout le monde y est marchand en détail. Dans chaque maison est une cour très étroite et une écurie, ce qui rend l'air mal sain. Les allées des maisons sont profondes et obscures ; les escaliers, toujours en pierre, ressemblent à ceux des tours et des clochers ; on y voit pas clair en plein midi. Une extrémité du lac d'Annecy baigne les murs de la ville ; il est étroit et resserré par une montagne, au pied de laquelle est une promenade publique assez jolie nommée le P*****. Les églises y étoient spacieuses, les sonneries brillantes ; on y comptoit deux Chapitres. La cathédrale, assez petite, étoit décorée dans le goût des Bénédictins d'Orléans. Les chanoines y portoient le rochet à manches, la chappe violette et le chapperon rouge. Le château est auprès de cette église, ainsi que le superbe palais épiscopal, nouvellement bâti. Nous saluâmes le prélat, qui nous accorda la permission de célébrer la messe, et peu après le gouverneur de la ville, sans lequel nous ne pouvions louer aucun appartement. C'étoit une chose très difficile d'en trouver. Mme la comtesse d'Entraignes, sœur de M. de Saint-Priest, mère compatissante de tous les prêtres émigrés, nous logea chez un chanoine de la collégiale, qui dès le lendemain imagina que nous prenions plaisir à décrier sa maison en y introduisant nos amis. Cette raison et la rencontre de MM. Bonneau (1) et Toennier (2), de Blois, nous décida à louer une autre maison, dans laquelle nous devions tenir notre ménage et faire nous-même la cuisine. Chacun se chargea de sa partie dans ce nouvel arrangement, excepté l'écrivain de cette narration. D'autres prêtres avoient sçus se mettre en pension chez les Dominicains, les Barnabites, même à l'hôpital ; mais toutes les places étoient occupées avant que nous fussions arrivés dans cette ville. Les Capucins, situés sur un monticule hors la ville, ne vouloient pas en recevoir. MM. les Sulpitiens ne le pouvoient pas à cause de l'ordination, qui étoit prochaine ; car du reste le bâtiment

---

(1) En 1803, curé d'Aray.
(2) M. TOENNIER était curé de Saint-Martin-de-Vendôme ; il fut, après le Concordat, le principal fondeur de la Petite-Église dans le Vendômois.

du Séminaire, qui est également hors ville, est des plus magnifiques.

J'avois souvent entendu parler de la Confrérie des *Pénitens*. Ils avoient à Annecy une chapelle, dans laquelle ils s'assembloient ; l'Exaltation de la Sainte Croix est leur fête principale ; nous y allâmes donc à vêpres le 14 septembre ; eux-mêmes les chantèrent, revêtus de leur robe de toile noire avec une ceinture de cuir. A la suite d'un sermon, ils procédèrent à une procession, qui avoit pour station l'église des Clairettes ; chacun d'eux rabattoit sur sa tête un capuchon pointu, dont l'extrémité descendoit sur l'estomac et ne leur laissoit voir le chemin que par des yeux de verre ou lunettes qui y étoient attachés ; plusieurs marchoient nuds pieds, portant au haut d'un grand bâton les instruments de la Passion de Jésus-Christ, tels que la lance, l'éponge, des lanternes sombres et à demi renversées, dans lesquelles bruloit une chandelle qui à peine étoit apperçue. Rien n'étoit si lugubre ; ils étoient précédés de pénitentes blanches. Ce sont des femmes et des filles couvertes de grands suaires blancs et à manches, avec des capuchons aussi rabattus par devant. Les uns et les autres chantoient en deux chœurs les Litanies de la Sainte Vierge en marchant autour de la ville. Ils nous virent de bon œil, et je me rappelle que l'un de ces pénitens dit à l'un de ses amis en nous regardant entrer dans la chapelle : Laissez passer ces Messieurs, ce sont les amis de la Croix, ils ont tout quitté pour la suivre.

Au dehors d'Annecy, près du couvent de l'Annonciade, on trouvoit le couvent de la petite Visitation, composé de trente-deux religieuses, dont l'église étoit jolie et très propre. C'étoit le berceau de l'Ordre qui en porte le nom. On y montroit encore la chambre dans laquelle saint François de Sales disoit la messe et eut tant de conversations avec la Mère de Chantal. La grande Visitation étoit dans la ville même et contenoit quarante religieuses professes. L'église étoit parfaitement semblable à celle de Saint-Maclou d'Orléans, mais plus courte ; dans deux chapelles avoient été enterrés le saint évêque de Genève et sa digne coopératrice ; leurs mausolés y étoient encore. La châsse de sainte Chantal, placée dans sa chapelle sur un pied d'estal, étoit toute d'argent, avec un verre extrêmement large qui laissoit appercevoir la sainte dans toute sa longueur, revêtue d'une des robes qu'elle portoit. Quand à la châsse de saint François de Sales, c'étoit un vrai cercueil d'argent, couché sur le grand autel, derrière le tabernacle, qui étoit aussi d'argent massif ; sa mitre et sa crosse étoient suspendues aux deux coins de l'autel. On ouvroit la châsse du côté de l'épitre, et j'ai eu le bonheur d'être dans l'église au moment où des princes allemands qui passoient vinrent révérer le corps du saint évêque. Je me joignis à eux, et je baisai avec les sentiments de la joie la plus vive le crâne du saint prélat. Il est extrêmement gros, et ce n'est pas sans raison que les peintres représentent saint François de Sales avec une tête extrêmement grosse ; je vis par là même de profil ses bras et le reste de son corps, dont on n'avoit perdu aucun ossement. On pouvoit aller tous les jours, même dans l'après-diner, prier auprès de ces saintes reliques. Il n'étoit pas aussi aisé d'y célébrer la sainte messe, tant l'affluence des prêtres y étoit grande. Nous choisimes donc la petite église des Bernardines, hors la ville, auprès de la promenade. Elle étoit toute neuve et semblable à celle du Calvaire d'Orléans. Les religieuses nous y firent mille amitiés ; nous liâmes bientôt connaissance avec elles, et surtout avec des dames émigrées de Valence et de Carpentras, qui y étoient en pension. Les unes et les autres nous invitoient plusieurs fois la semaine à déjeuner ; et si nous eussions continué notre séjour à Annecy, c'eut été pour nous un délassement bien flatteur de converser de tems à autre avec des personnes dont la société étoit si aimable.

Mais, tandis que M. l'Archevêque de Vienne nous rassembloit tous les matins dans la cathédrale à une messe célébrée pour le roi des François, ces mêmes François, campés près le fort Barraux, se disposoient à faire de la Savoye l'objet de leurs conquêtes. Le bruit s'en répandait depuis quelques jours. Nous n'en doutâmes plus le vendredi 21 septembre, lorsqu'à dix heures du soir, au milieu d'une pluie horrible, qui tomba pendant vingt-quatre heures, nous vîmes emmener à la lueur de certains flambeaux les canons du château d'Annecy pour s'opposer à leur entrée ; il n'étoit plus tems ; dès le lendemain, les patriotes forcèrent à trois endroits les barrières de la Savoye et s'avancèrent vers Chambéry, où ils avoient des partisans qui les attendoient.

Ce ne fut que le soir de ce jour que cette nouvelle parvint à Annecy. Une terreur extraordinaire s'empare des esprits, chacun sort dans les rues ou se réunit en groupe. On se figure les François aux portes de la ville, on veut en avoir vu sur la place. Il faudroit pouvoir peindre l'émotion des émigrés et des prêtres, même des soldats, qui couroient à toutes forces dans les rues, ne pouvant se dire que des paroles entrecoupées, se conseillant les uns aux autres la fuite la plus prompte. Le parti est adopté ; avec quelle célérité se prépare-t-on à l'exécuter ! Dans l'espace d'une heure, il n'étoit déjà plus dans Annecy d'évêque, de commandant ; des dames émigrées ne se donnèrent pas le tems de prendre des voitures, elles sortirent à pied, malgré la boue et les mauvais chemins. La garnison elle-même évacue la ville. Intimidés par les soldats, les prêtres déportés s'en vont à la hâte, le sac sur le dos. Il étoit jeûne des Quatre-Tems ; nous mangeâmes debout, comme les Israélites sortant de l'Egypte. C'est alors qu'il fallut perdre non seulement les provisions et les ustensiles du nouveau ménage, mais le loyer de notre maison, que nous avions payé. Nous voilà donc en marche à huit heures du soir, au nombre de vingt, pour aller à Genève ; nous n'avions que sept lieues à parcourir et dès lors nous étions en Suisse, mais les patriotes étoient aux environs et les portes de Genève étoient fermées. Il fallut donc, en place de sept lieues, entreprendre un voyage qui nous en a coûté quarante. Où allions-nous ? personne de nous ne le savoit. On parloit de Piedmont, de Milanais, etc. ; aucun n'en connoissoit la route. Confondus avec les soldats fugitifs, nous les suivions, et à chaque instant ils nous causoient des frayeurs mortelles. Ils s'arrêtoient tout à coup, croyoient appercevoir des hommes, entendre sur le haut de la montagne, qui dominoit le chemin, des patriotes qui les avoient devancés. Des coups de fusil tirés dans le lointain sembloient confirmer leur conjecture ; à chaque pas nous pensions être assommés par des charges d'artillerie, et vraiment nous n'envisagions plus qu'une mort certaine. C'est dans ces transes inexprimables que nous fîmes plus d'une demie lieue. Pour comble de malheur, les soldats commençoient à se dire les uns aux autres que les prêtres étoient la cause de ces fâcheux événemens, et qu'il falloit tout simplement nous jetter dans le lac qui étoit auprès de nous. Leurs officiers, qui s'apperçurent de cette rumeur, nous conseillèrent de prendre un chemin à gauche le long du lac. Les soldats continuèrent leur route pour aller couper le pont de Conflans ; et nous, à la garde de Dieu et de nos bons Anges, nous marchâmes dans les ténèbres par des chemins qui nous étoient inconnus. Plusieurs de nos compagnons restèrent en arrière ; nous continuâmes notre route au nombre de sept.

C'est là cette nuit si pénible pendant laquelle nous commençâmes une marche qui ne finit que vingt-six heures après. Ce fut alors que nous allâmes indistinctement à travers les torrens et les rivières, dont les pluies avoient étendu le lit, augmenté la rapidité. Quel fut le nombre de ceux et celles que nous avons traversés ? C'est ce que personne de nous n'a compté. Plusieurs fois nous fûmes mouillés jusqu'aux genoux, contens d'en trouver le fond ; nous avancions avec hardiesse. Une fois seulement, étant au milieu de l'eau entre trois chemins, sans connoître celui qu'il falloit suivre, nous attendîmes patiemment pour nous décider un guide qui, derrière nous, conduisoit sur une voiture l'argenterie du *château de Sales*, que nous laissions à gauche. En vain je m'efforcerois d'entrer dans un plus grand détail sur les fatigues que nous éprouvâmes le reste de la nuit, elles furent continuelles et de toutes espèces jusqu'à quatre heures du matin, que nous entrâmes à FAVERGES, chez un paysan, pour y sécher nos habits.

Notre séjour n'y fut pas long. L'aube du saint jour du dimanche 23 septembre commençoit à peine à paroître, nous continuâmes notre route entre des rochers et un torrent, le plus large que j'ai encore vu. Une petite église se trouva sur notre chemin ; un de nous, qui n'avoit rien pris pendant la nuit, y célébra la messe, que j'eus peine à entendre, ne pouvant rester ni assis ni à genoux. Avec quelle humanité le digne curé de cette paroisse, frère de l'intendant d'Annecy, nous reçut dans sa maison ! On nous y servit à déjeuner ; sa sœur, encore jeune, nous appelloit des martyrs, des confesseurs, nous parloit avec une dévotion pleine de naïveté de Jésus-Christ, qu'elle disoit être notre récompense assurée. Les pleurs de ce vénérable pasteur ne lui permirent pas de nous dire adieu. Nous nous remîmes en marche par des chemins impraticables, et vers les dix heures nous arrivâmes à UGINES ; il étoit tems sans doute de réparer nos forces par quelque nourriture solide. Plus tremblans que des soldats déserteurs, nous mangeâmes à la hâte un dîner très frugal. Une voix se fit entendre dans l'auberge qui annonçoit que les François étoient à une demie lieue. Le fait étoit faux, on avoit pris pour eux les Piémontois, qui arrivoient les premiers au pont de Conflans, le coupoient pour intercepter la communication entre le Piedmont et la Savoye ; accoutumés à fuir, nous usâmes encore de cette ressource sans vérifier si la crainte étoit fondée. Et aussitôt de louer des hommes et des enfants qui, en portant nos paquets, devoient nous servir de guides. On se met en devoir d'escalader la *montagne d'Éry*. Combien elle étoit rapide, partie en gazon, partie en ardoise ou en terre grasse ! C'étoit plutôt grimper que marcher ; le corps sembloit être plié et courbé dans certains endroits, tant les hauteurs étoient presque perpendiculaires, un ruisseau descendoit au devant de nous dans le chemin même, et en rejaillissant sur les pierres il mouilloit nos pieds et même nos jambes. Ajoutons à cela les précautions qu'il falloit apporter pour suivre un sentier très étroit qui bordoit les précipices dont nous étions environnés. Enfin, pour augmenter nos inquiétudes, nos conducteurs s'obstinèrent à porter nos paquets sur leurs têtes, en sorte que le moindre faux pas les eut renversés dans des gouffres où sûrement ils ne seroient pas allés les chercher. C'est sur une si belle hauteur que s'offrit à nos yeux le petit village d'Éry, dont les cascades méritent que je m'arrête un instant à les décrire.

Entre deux éminences de la dite montagne, la nature a formé une sorte d'amphitéâtre, large d'environ trente-six pieds, sur soixante ou quatre-vingts de longueur ; sur ce plan incliné un torrent, qui sort d'un endroit infiniment plus élevé, roule ses eaux jusque dans un gouffre profond de plus de trois cens pieds relativement au niveau du village. Une multitude de grosses pierres amoncelées et placées en désordre retarde le cours des eaux et excite un bouillonnement des vagues et un fracas qu'augmente de plus en plus une seconde rivière, qui tombe perpendiculairement des flancs de la montagne ; et ces deux volumes d'eau, dont un seul suffiroit pour former une petite rivière, après s'être réunis en écumant dans cette fosse extrêmement creuse qui leur sert de premier réservoir, coulent ensuite dans un lit extrêmement resserré qui perpétue le bruit qu'ils avoient produit dès leur première chute.

Nous descendîmes de la montagne par les chemins les plus tortueux que jamais on puisse tracer ; il sembloit que nous entrions dans les entrailles de la terre, surtout lorsqu'étant arrivés précisément au bas, nous nous vîmes forcés pour en sortir d'escalader une seconde montagne de même hauteur que celle d'Éry. L'intervalle qui se trouve entre les deux est une vraie gorge, et pour appercevoir le ciel il faut lever les yeux immédiatement au-dessus de sa tête. L'après-dîner fut pluvieuse et en conséquence se formèrent autour de nous plusieurs météores les plus curieux de la nature. Une humidité très sensible nous environna tou-à-coup ; ce brouillard s'éleva comme une fumée vers le milieu des deux montagnes. Quelques minutes après il se condensa sur notre tête et retomba aussitôt sur nous, moitié en grêle, moitié en neige mêlée de quelques gouttes de pluie ; le nuage disparut, l'arc-en-ciel vint réfléchir ses couleurs presqu'au près de nous ; et rien de si commun dans le pays des montagnes que d'appercevoir dans une prairie la naissance de ce météore, dont nous voyons à peine le haut dans nos provinces. Ce fut ce moment que je choisis pour quitter une sorte de grotte sous un rocher où je m'étois retiré pour réciter l'office des vêpres pendant ces intempéries de l'automne.

Il fallut donc encore remonter par un chemin non moins difficile que celui par lequel nous étions descendus ; les pierres étoient toutes de marbre, presque rondes, très glissantes par conséquent, souvent il n'en étoit qu'une seule sur laquelle ont put placer les pieds pour continuer sa route. En faisant peu de chemin, quoique sans nous reposer, nous pûmes à peine après trois heures arriver d'Éry à Flumet. Il n'est qu'une seule auberge dans ce hameau. Vingt prêtres y étoient renfermés dans une seule chambre, et la seule dans laquelle on pût habiter. Nous délibérâmes, et il fut décidé que malgré la pluie qui tomboit par intervalle, on iroit coucher à Sellanches, ville située dans le Faucigny ; on la disoit n'être éloignée que de deux lieues. Quelles lieues ! Il en étoit quatre, mesures de Savoie, c'est-à-dire six de France. Le chemin étoit plus uni, parallèle aux montagnes de la Forgue, que nous laissions à droite. Megève s'offrit à notre rencontre, nous le laissâmes derrière nous. La nuit nous surprit, et en foulant aux pieds pendant plus de deux lieues les pierres et les cailloux dont étoit couverte la longue descente qui conduit à Sallanches, nous y parvinmes enfin, las et abattus par une marche de vingt-six heures. Quoiqu'il en fut parmi nous qui se trouvassent assez incommodés dès leur arrivée pour se mettre au lit avant de prendre de la nourriture, je ne sentois qu'imparfaitement mes fatigues et j'eus soin de souper amplement avant de penser au sommeil.

Sallanches étoit la ville que, même avant de sortir d'Orléans, nous avions dessein d'habiter. Les circonstances ne nous le permettoient plus ; on croyoit voir les François partout, et l'arrivée des troupes piémontoises donna lieu aux habitans de publier que les patriotes venoient en prendre possession. Il y avoit affluence de monde sur la place qui est auprès de la collégiale. Nous nous y pourvûmes à grands frais de voitures du pays, appelez *chars-à-bancs*, devenus fort rares par la multitude d'émigrés qui les recherchoient ; et après avoir salué M. Cartier, chez qui nous espérions, quinze jours avant, pouvoir demeurer, nous prîmes la route qui conduit au *Mont-Blanc*.

Cette montagne, qui a donné son nom au département qui forme la Savoie, est une véritable merveille. Elle a vingt-quatre mille toises de haut ; il faut vingt-une heures pour parvenir au sommet ; sa longueur est de plus de deux lieues. La neige la couvre dans toutes les saisons. Au-dessus de sa cime on voit à certains endroits des aiguilles de glace qui, en réfléchissant les rayons du soleil, parroissent autant de cristaux les plus transparans ; nous la cotoyâmes pendant toute l'après-diner du lundy vingt-cinq septembre. Les plaines ou prairies que nous traversâmes au bas de cette montagne sont assez incultes, produisent à peine du bled noir et annoncent un pays misérable. Les habitans en paroissent fort doux ; chacun d'eux labouroit son petit champ près de sa demeure, Quelques ceps de vigne étoient suspendus en l'air sur des perches : telle est la manière bien simple de recueillir le vin dans ce pays. Les pauvres sont vêtus de bure, et les femmes n'ont sur la tête qu'un morceau de cette étoffe, quelquefois un chapeau de paille par dessus. Je ne saurois mieux comparer leurs maisons qu'à nos moulins à vent, excepté qu'elles sont beaucoup plus larges, mais portées également sur des pieds de bois formés par des poutres qui les élèvent à trois pieds de terre ; leur but est de laisser à la neige la place qui lui est nécessaire pour s'étendre sous leur plancher et de préserver leurs granges de l'humidité qui endommageroit le peu de grain qu'ils conservent. L'innocence et la candeur étoient peintes sur les visages de ces braves gens ; et leur attachement pour le duc de Savoie étoit si grand qu'en apprenant l'entrée des François dans leur pays, ils venoient au devant de nous tout effrayés en s'écriant : *Hélas ! que va dire noutre Ré, quand il va savoir tout ça ?* Les chemins ne sauroient être entretenus, les torrens ravagent les moissons, entrainent les levées, rien ne peut leur résister. Que peut-on, en effet, opposer à un foible ruisseau qui coule en droite ligne sur un plan incliné, et de précipices en précipices, lorsque ce ruisseau, gonflé tout-à-coup par des nuées d'orages qui fondent sur les montagnes voisines, devient en un quart d'heure large comme le tiers de la Loire, avec le quadruple au moins de l'impétuosité qu'on a pu remarquer dans notre rivière au tems des innondations, ce qui produit alors un bruit épouvantable. La force d'un torrent est si grande que sous les fenêtres de mon habitation je vois des vingtaines de pierres, grosses comme un demi-quart de vin, entrainées avec la légèreté d'un grain de sable, quand l'eau est abondante. Je voudrois rendre compte ici de quelques montagnes purement de glace, appellées les glacières, que les curieux viennent voir de fort loin, mais je ne les ai vues que par l'extrèmité, quoiqu'elles aient plus d'une lieue de long ; on peut consulter sur cette question un livre intitulé : *Les Délices de la Suisse.*

Arrivés à Chamony, nous n'eûmes rien de plus pressé que de nous procurer à chacun, pour le lendemain, un mulet, seule monture qui puisse se frayer un passage dans la forêt de la *Tête-Noire*, qui, ainsi que le Mont-Blanc, fait partie des Alpes. Le prix nous en parut cher ; à peine pouvoit-on en obtenir un pour neuf francs. Il ne fut pas possible de reposer un instant pendant la nuit, tant étoit continuel le nombre des prêtres qui descendirent dans l'auberge depuis le soir jusqu'à six heures du matin, où on nous amena nos montures.

A combien d'accidens ne fus-je pas exposé, ce mardi vingt-six septembre, au milieu de cette cavalcade de mulets, dans des chemins ou sentiers étroits, qu'il faut voir par soi-même pour se les figurer ; j'ignorois qu'il y eut de l'antipathie entre les mulets d'une maison et ceux d'une autre. J'étois à peine monté sur celui qu'on m'avoit laissé, et qui se trouva le plus haut et le moins commode qu'un de ces animaux voulut donner en passant un signe de sa haine à mon coursier : il s'approche de lui et lui décharge un coup de pied dans les flancs, dont, grâce à Dieu, je ne reçus dans la jambe qu'une légère plaie, qui, bientôt après augmentée par une froissure violente, ne m'empêcha pas pourtant de suivre mes compagnons et a été guérie sans aucun soin de ma part.

La manière de conduire ces mulets m'étoit encore plus inconnue, ou plutôt il ne faut pas les conduire, mais leur lâcher en tout la bride ; et, pour l'avoir voulu retenir une seule fois, je fus renversé à terre par mon animal opiniâtre. La pluie qui tomboit, la boue, les hauteurs que j'apercevois de loin, m'obligèrent à remonter sur ma bête, malgré la résolution que j'avois faite de ne plus m'en servir ; et je me confiois de plus en plus à mon ange gardien qui seul pouvoit me préserver des dangers qui se renouvellèrent à chaque pas.

Notre esprit étoit au moins déchargé en partie de ses inquiétudes, en touchant à cet instant heureux où nous ne devions plus avoir rien à craindre des François. Nous atteignîmes avec plaisir la borne qui sépare la Savoye du *Valais*, pays allié des Suisses, dont Mgr l'évêque de Sion est prince temporel. Dans un mur de briques fort épais est une porte très étroite ressemblant à l'ouverture d'un four ; elle est gardée par les habitans du pays, qui se succèdent tous les quinze jours dans ce poste pour veiller à la sureté de leurs frontières. A la vue de nos passeports qui certifioient que nous étions prêtres déportés, ils nous reçurent à bras ouverts ; et, pour qu'ils se souvinssent de nous, nous leur donnâmes quelques pièces de monnaye qu'ils parurent désirer pour boire à nos santés. Dès ce moment, nos mulets grimpèrent, par leurs sentiers accoutumés, cette montagne de la *Tête-Noire*, dont les sapins sont si serrés, si confus, qu'à peine y voit-on clair à certains endroits. Tant est grande la force de l'habitude ! on eût dit que ces animaux qui nous portoient connoissoient jusqu'à la dernière pierre sur laquelle ils portoient les pieds, ils s'arrêtaient d'eux-mêmes dans les endroits difficiles pour se détourner à propos, choisir tel pavé plutôt que tel autre, et leurs conducteurs nous ont dit que, dans ces voyages si fréquents dans cette forêt, ces mêmes mulets observoient ces mêmes précautions aux mêmes endroits. Le passage, dans toute la longueur de la montagne, n'est autre chose qu'un véritable escalier de pierre, dont les marches, inégales et placées à côté les unes des autres plutôt que les unes au-dessous des autres, sont distantes entre elles pour la hauteur tantôt d'un demi pied, tantôt d'un pied, une autre fois de deux pieds ; ces pierres sont de marbre, de caillou ou d'ardoise. D'où on peut conclure combien il est aisé de de glisser en descendant. C'est quelque chose d'étonnant que de voir ces animaux sauter de marche en marche, sans faire, pendant toute la route, un seul faux-pas, s'arrêtant quand ils sont fatigués, marchant avec assurance dans un sentier d'un pied et demi de largeur auprès de ces précipices de plus de mille toises dont j'ai souvent détourné les yeux pour n'en pas être effrayé. Qu'on calcule, d'après cela, combien de fois nous avons risqué d'être ensevelis dans ces abimes dans lesquelles on me montra la place sur laquelle étoit tombé, l'année dernière, un mulet dont le pied avoit glissé trop près du bord. Aussi, à certains endroits où on ne pouvoit descendre que par des morceaux de rochers entassés, nous marchions à pied beaucoup plus mal que nos mulets, qui, déchargés de leurs cavaliers, ne tardèrent pas à nous devancer. Le trajet dura plus de quatre heures. La pluie, le brouillard fondoient sur nous, car nous étions dans les nuages et même plus élevés que ceux qui bordoient ces précipices ; le prétendu brouillard s'épaissit au sortir de la forêt, au point que nous n'aperçûmes plus notre chemin. Nos mulets s'avançoient toujours ; ils nous conduisirent à Trient dans un moment où une paroisse voisine venoit en procession pour obtenir le beau tems nécessaire à la seconde coupe des foins.

Quel hameau que Trient ! Doit-il même en porter le nom ? On n'y compte que deux maisons. L'une s'appelloit l'Auberge, qui consistoit en une seule chambre remplie pour lors de prêtres, de gentils hommes et d'émigrés. Tous, trempés par la pluie qui tomboit avec autant de force que dans un orage, nous ne pûmes obtenir d'entrer que dans la seconde maison qui appartenoit à un paysan. Il faut observer ici que, dans la Suisse, les cheminées, et surtout des cuisines, sont aussi vastes que la chambre même, c'est-à-dire qu'il y a point de plancher; mais, des quatre coins de la chambre, s'élèvent des planchers jusqu'au toit de la maison par forme de piramide qui ne laisse par le haut qu'une ouverture de trois pieds carrés, que l'on ouvre et que l'on ferme à l'aide d'une grosse corde qui tire ou lève une grosse planche mobile attachée au faîte. Du reste, dans les appartements, on ne trouve que des fourneaux ou poêles. Rangés sur un banc, nous essayons tour à tour de faire sécher nos jambes qui étoient extrêmement mouillées. Ce n'étoit pas assez : il falloit dîner, et il n'y avoit plus de pain dans le pays. Les habitans de la paroisse qui étoient venus en procession avoient tout consommé. On trouva enfin certains gateaux pétris avec du lait, auxquels nous joignîmes du beurre salé et du vin blanc, le meilleur que j'aie bu pendant mon voyage. Nous dînâmes de bon appétit : la faim étoit si extrême que nous aurions dévoré des racines.

La crainte de ne pas avoir de lit dans le village de Martigny, où nous devions coucher nous décida à payer un messager qui partit devant nous pour en retenir autant qu'il pourroit en trouver. Nous le suivîmes de près, portés sur ces maudits mulets qui firent encore de nouvelles prouesses, en escaladant une montagne taillée presque à pic au milieu de la grêle dont nous étions tout couverts. Sa descente est pour le moins aussi difficile. Nous parcourûmes celle-ci à pied ; et, dans l'espace d'une demie lieue, nous ne rencontrâmes aucun endroit assez uni pour interrompre et arrêter l'élan que notre corps avait pris au haut de la montagne : ce n'étoit que cailloux, que pierres très aigues. Enfin, remontés sur nos mulets, nous parvinmes par des rues assez praticables à Martigny.

C'est un bourg très ancien, appellé, du temps des Romains, *Octodurus*, situé dans une petite plaine, entre de hautes montagnes, au bord d'une rivierre appellée la Dranse, qui se jette dans le Rhône à cent pas plus loin. L'impossibilité de se procurer des lits dans des chambres inhabitées, qu'on nous avoit offertes, nous empêcha de rester dans une paroisse, où le curé nous avoit donné des marques de son bon cœur, où le lieutenant nous avoit promis sa protection, et où quelques marchands que nous connoissions auroient pu nous rendre des services. Beaucoup de prêtres, qui y étoient arrivés avec nous, prirent la route du Midi pour entrer dans la vallée d'Entremont qui conduit à la montagne du Grand-Saint-Bernard, passage dans les Alpes pour aller en Italie.

Nous descendîmes, au contraire, le long du Rhône, pour venir à Saint-Maurice qui n'en est éloigné que de trois lieues. Jamais ville ne mérita mieux son nom que celle-ci. C'est dans son enceinte que le Rhône amena sur ses eaux extrêmement rapides le corps de ce glorieux martyr, massacré avec sa légion dans la vallée qui y conduit. Nous la parcourûmes, cette vallée, entre deux chaînes de montagnes ; et là, pour la deuxième fois, nous vîmes un petit fleuve qui sort dans toute sa longueur de plus de trois cents pieds de haut : on le nomme *Pissevache*.

J'eus l'avantage de célébrer la sainte messe dans la superbe église de l'abbaye dédiée aux saints martyrs de la Légion Thébéenne. C'est là ce monastère d'*Agaune* que saint Sigismon, roi de France, bâtit, et dans lequel il se retira pendant quelque tems, pour faire pénitence, au milieu de neuf cents moines qu'il y avoit rassemblés. Dans une chapelle grillée, on conserve beaucoup de reliques, et surtout l'épée de saint Maurice dans une gaine d'argent. M. l'Abbé nous y donna des marques d'estime et de sensibilité, ainsi que les Bernardins qui occupent la maison. Ils portent une soutane noire et une sorte de bande de mousseline blanche en écharpe à laquelle ils donnent le nom de rochet.

Un grand nombre de prêtres nous avoit devancé à Saint-Maurice ; il nous fut difficile d'être admis à coucher à l'auberge. Nous fûmes redevables de cette faveur à une domestique de la maison qui ne voulut pas que sa maîtresse nous refusât l'hospitalité. Tant il est vrai que Dieu a ses saints dans toutes les conditions. Cette fille, vraiment pleine de religion et de charité pour les prêtres, les traitoit avec un respect et des attentions dont chacun étoit étonné. Elle nous plaignoit de ce que nous ne pouvions porter l'habit de notre état, elle se recommandoit à nos prières lorsque nous allions dire la messe, regrettant elle-même de ne pouvoir y assister. Un de nos amis fut retenu au lit pendant quelques jours : elle en eut tout le soin possible, ne voulut rien accepter pour ses peines, et fit comprendre à sa maîtresse que sa dépence se réduisoit à très peu de chose, puisqu'ayant fait diette en se contentant de bouillon, il n'avoit été à charge à personne.

Cet ami qui avoit eu cette incommodité étoit un des MM. Toënier, de Blois, nos compagnons de voyage. Ne pouvant prévoir si elle finiroit bientôt, mon ami et moi nous nous décidâmes, avec un jeune curé d'Auxerre, à marcher devant, pour marquer des logis dans un endroit quelconque où on voudroit nous permettre de rester.

Le vingt-sept septembre, à quatre heures du soir, nous passâmes le pont de Saint-Maurice sur le Rhône, et, entrés dans le canton de Berne dont les habitans sont calvinistes, nous passâmes devant le village de Bex, remarquable par son élévation, et nous dirigeâmes nos pas vers la ville d'Aigle. Le chemin étoit bordé de soldats suisses qui revenoient de la revue que l'on avoit faite des troupes, qui alloient défendre Genève et ses environs. Aigle se trouva si rempli de Suisses qu'il fut impossible d'y loger et presque d'y passer dans les rues. J'étois alors tout couvert de sueur, à la suitte d'un frisson et d'un accès de fièvre que j'avois éprouvé en quittant Saint-Maurice. N'importe. Ne pouvant trouver d'auberge, nous poursuivîmes notre route, et bientôt, au clair de la lune, nous réussîmes à nous égarer. Un jeune soldat eut la complaisance de nous mettre dans notre chemin, en passant un torrent qui n'avoit pour pont qu'un bâton fort étroit qui se trouva renversé. L'instant d'après, nous fîmes rencontre d'un régiment qui venoit au-devant de nous, au milieu duquel nous passâmes sans être insultés. A chaque porte, à chaque ferme, nous demandions à coucher sur la paille ; les protestans nous refusoient : ils prétendaient, vrai ou faux, que cette hospitalité leur étoit deffendue. Nous découvrimes pourtant le hameau de Roche, près Yvernon, assez éloigné du chemin. Un seul cabaret au service des passants y étoit rempli de Suisses, pleins de vin, qui avaient leurs épées nues, étant prêts à se battre. On nous plaça au milieu de cette tabagie pour y manger quelques œufs. Nous fûmes plus longtemps à les attendre qu'à prendre notre repas. Une grange nous servit de chambre à coucher. Six prêtres y reposaient sur du foin ; nous nous joignîmes à eux. Nos paquets furent nos coussins, et nos chemises, mouillées et déjà froides, se desséchèrent d'elles-mêmes pendant la nuit qui fut assez fraîche. Tout inquiet que je fusse alors pour ma santé, je me trouvois pourtant satisfait d'avoir reposé, à l'exemple du Sauveur, dans une étable, sans avoir pu, ainsi que sa sainte mère, trouver aucune place dans les hôtelleries.

Le lendemain, nous voulûmes déjeuner à VILLENEUVE, éloignée que d'une lieue ; il ne s'y trouva pas de pain : une vieille femme nous en procura avec beaucoup de peine. Dès ce moment, nous côtoyâmes le lac de Genève, long de dix-huit lieues et large de quatre et demie dans sa plus grande étendue. Les vagues en sont très hautes et viennent fort loin sur le rivage, surtout lorsqu'il s'y excite des tempêtes. Le Rhône le traverse dans toute sa longueur et en sort à Genève qui est bâti à l'autre extrémité du lac. Ses bords, dans le délicieux pays de Vaud, dont Lausanne est la capitale, étaient ornés de châteaux antiques, sur lesquels les écrivains qui ont parlé de la Suisse racontent beaucoup de choses. Un vignoble, fertile en vin blanc, formoit une verdure agréable. Les fruits et les légumes y sont en abondance.

Il étoit onze heures du matin. Nous entrâmes à VEVEY, ville charmante, entrepôt de commerce pour le Vallais, Genève et la Savoye. Elle est située au bord du lac, d'où l'on débarque les marchandises sur une place des plus larges qu'aient vues des voyageurs qui ont passé dans les pays les plus éloignés. A l'opposite de la place sont les montagnes du Chablais, distantes de deux lieues, et on apercevoit sur l'autre rive les Français patriotes en possession de la Savoye. Les rues sont droites et larges. La ville fut bâtie presque en entier il y a trois cents ans. L'hôtel-de-ville a une entrée imposante ; et l'ancienne église, qui sert de temple, est proprement entretenue : on n'y souffroit aucun prêtre déporté. Les catholiques qui y demeurent y sont administrés, pendant leurs maladies, par un curé voisin, du canton de Fribourg ; et, s'ils viennent à mourir, on laisse emporter leur corps dans une paroisse catholique. Des particuliers y font célébrer la messe dans leurs maisons depuis quelque tems : le gouvernement le sait et ne s'y oppose pas. Les émigrés y sont tolérés ; et, après une discussion de neuf heures, le sénat de Berne a décidé, le 20 août 1794, qu'ils pourroient continuer à demeurer dans ce canton le plus étendu de tous.

Après une sorte de dîner, nous montâmes, vers midi, pendant

plus de cinq quarts d'heure, la montagne qui conduit à CHATEL-SAINT-DENIS. Il faisoit chaud, et nous reposâmes pour nous sécher aux rayons du soleil. Nous demandions au ciel un lieu de repos : toutes nos forces étoient épuisées. Notre désir étoit pourtant d'aller à Fribourg, capitale du canton catholique, distante encore de dix lieues. Mais la Providence avoit fixé notre résidence à Châtel. Nous allâmes saluer M. le curé, pour le prier de nous procurer une pension. Il fit appeller son neveu ; et, dès le 29 septembre, au matin, nous commençâmes à nous fixer dans cette petite ville, que je peux comparer à Olivet, et qui, par son commerce, occasionne d'ordinaire dans les rues un mouvement continuel et des embarras de voitures et amène des passans de tous pays dans les auberges qui y sont en grand nombre.

DESNOUES, curé de Cravant.

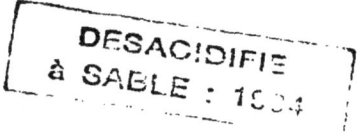

www.ingramcontent.com/pod-product-compliance
Lightning Source LLC
Chambersburg PA
CBHW060542050426
42451CB00011B/1797